Stéphanie Panichelli-Batalla

Aston University, Birmingham (UK)

Student Activities Manual

for

Spanish for **Real Life**

John T. McMinn

Nuria Alonso García

Prentice Hall

Boston Columbus Indianapolis
New York San Francisco Upper Saddle River
Amsterdam Cape Town Dubai London
Madrid Milan Munich Paris Montréal Toronto
Delhi Mexico City São Paulo Sydney
Hong Kong Seoul Singapore Taipei Tokyo

Executive Editor, Elementary Spanish:
   Julia Caballero
Editorial Assistant: Andrea Arias
Director of Marketing: Kris Ellis-Levy
Senior Marketing Manager: Denise Miller
Marketing Coordinator: Bill Bliss
Development Editor: Celia Meana
Development Editor for Assessment:
   Melissa Marolla Brown
Senior Managing Editor for Product
   Development: Mary Rottino
Associate Managing Editor (Production):
   Janice Stangel
Senior Production Project Manager:
   Nancy Stevenson

Media/Supplement Editor: Meriel Martínez
Senior Media Editor: Samantha Alducin
Senior Art Director: Pat Smythe
Art Director: Miguel Ortiz
Senior Manufacturing & Operation Manager,
   Art & Sciences: Nick Sklitsis
Operations Specialist: Cathleen Petersen
Full-Service Project Management:
   Melissa Sacco, Pre-Press PMG
Composition: Pre-Press PMG

Publisher: Phil Miller

This book was set in Palatino 10/12.

Prentice Hall
is an imprint of

www.pearsonhighered.com

ISBN-10:   0-205-76984-5
ISBN-13:   978-0-205-76984-1

Capítulo 1 En la universidad

1-1

1. Scene A
2. Scene B
3. Scene B
4. Scene B
5. Scene A
6. Scene A

1-2

1. Buenos
2. soy / me llamo
3. te llamas
4. llamo
5. Mucho
6. Igualmente
7. eres
8. Soy
9. de dónde

1-3

1. a
2. b
3. a
4. b
5. c

1-4

1. Adiós.
2. Hola.
3. Estoy mal.
4. Soy Juan.
5. Hola.

1-5

1. b
2. a
3. a
4. a
5. a
6. b

1-6

1. Hola
2. Cómo te llamas
3. Mucho gusto
4. Hasta mañana
5. Buenas noches

1-7

1. usted
2. usted
3. tú
4. tú

1-8

1. ¿Cómo está? / ¿Cómo está usted?
2. ¿Cómo se llama? / ¿Cómo se llama usted?
3. ¿De dónde es? / ¿De dónde es usted?
4. ¿Está cansado? / ¿Está usted cansado?

1-9

1. eres
2. soy
3. Soy
4. Soy
5. estás
6. Estoy
7. estoy
8. está
9. Estoy
10. estás
11. Estoy

1-10

1. b
2. a

1-11

Answers will vary.

1-12

Answers will vary.

1-13

1. una pizarra
2. una ventana
3. un reloj
4. una silla
5. una puerta
6. un estante
7. una estudiante
8. una profesora

1-14

Answers may vary. Possible answers include:
una computadora, un bolígrafo, una calculadora, un cuaderno, un lápiz, un libro, una planta, una mochila

1-15

1. profesora
2. mesas
3. escritorio
4. computadora / calculadora
5. calculadora / computadora
6. cuaderno

1-16

1. d
2. b
3. c
4. a
5. e

1-17

1. un, libros
2. un, mesa
3. una, matemáticas
4. un, español
5. unas, salón de clase
6. unos, muchos

1-18

1. un escritorio
2. unos cuartos
3. un diccionario
4. una computadora
5. unas ventanas
6. unas universidades

1-19

1. Julia
2. Julia
3. Pedro
4. Julia
5. Pedro
6. Pedro

1-20

Answers will vary.

1-21

1. veinte
2. cincuenta
3. cuatro
4. once
5. cuarenta y ocho

1-22

1. cuarenta y uno
2. sesenta y ocho
3. quince
4. sesenta y dos
5. ciento dos

1-23

1. noventa y dos
2. noventa y uno / noventa y un
3. ochenta y siete
4. ochenta y seis
5. ochenta y seis
6. setenta y cuatro

1-24

Answers will vary.

1-25

Answers will vary.

1-26

1. e
2. f
3. c
4. d
5. a
6. b

1-27

1. intelectual, tonto
2. pesimista, interesante
3. organizada, perezosa
4. divertidos, trabajadores

1-28

T	B	M	O	D	E	R	N	O	R
A	I	T	B	O	N	I	T	O	E
V	B	B	V	C	O	P	L	I	S
U	L	A	T	L	U	B	E	C	I
G	I	M	N	A	S	I	O	I	D
R	O	I	D	S	I	C	T	F	E
I	T	T	A	E	R	V	A	I	N
D	E	G	R	A	N	D	E	D	C
A	C	N	U	E	V	O	M	E	I
C	A	F	E	T	E	R	Í	A	A

1-29

1. La biblioteca, el edificio nuevo
2. Las definiciones, el diccionario
3. Los libros, el estante
4. El profesor, el laboratorio de lenguas
5. El ejercicio, la pizarra
6. Los lápices, la mochila

1-30

1. unas, los
2. una, la
3. un, las
4. un, la
5. un, el
6. una, las

1-31

1. biblioteca grande
2. edificios bonitos
3. profesores divertidos
4. compañeros de clase inteligentes / compañeros inteligentes
5. profesora buena / muy buena profesora / buena profesora
6. buena comida

1-32

1. su novio
2. su profesora
3. su novio
4. su profesora
5. los dos

1-33

1. La, interesante / divertida, divertida / interesante
2. Los, optimistas / simpáticos, simpáticos / optimistas
3. Las, serias / trabajadoras, trabajadoras / serias
4. La, mala /aburrida, aburrida / mala
5. Los, malos /feos, feos / malos
6. Los, modernos / buenos, buenos / modernos

1-34

Answers will vary.

1-35

1. b
2. c
3. a
4. a
5. a
6. c

1-36

1. Soy
2. Soy
3. es
4. es
5. es
6. somos
7. eres
8. son

1-37

Answers will vary.

1-38

1. La clase es interesante. / Es interesante.
2. El profesor es viejo. / Es viejo.
3. Mis amigos son optimistas. / Tus amigos son optimistas. / Son optimistas.
4. La comida es mala. / Es mala.
5. Nosotros somos trabajadores. / Nosotras somos trabajadoras. / Somos trabajadores. / Somos trabajadoras.
6. Ana y Juan son pacientes. / Son pacientes. / Ellos son pacientes.

1-39

Answers will vary.

1-40

Answers will vary.

1-41

1. d
2. b
3. c
4. d
5. a

1-42

1. a
2. c
3. d
4. e
5. b

1-43

1. No se menciona.
2. este semestre
3. este semestre
4. este semestre
5. este semestre
6. el próximo semestre
7. el próximo semestre
8. el próximo semestre

1-44

1. humanidades
2. ciencias
3. bellas artes
4. lenguas
5. cursos técnicos

1-45

1. profesor/a
2. estudiante
3. estudiante
4. profesor/a
5. profesor/a
6. estudiante

1-46

1. Instruction C
2. Instruction D
3. Instruction A
4. Instruction B

1-47

Answers will vary.

1-48

1. Me gusta / No me gusta
2. Me gustan / No me gustan
3. Me gustan / No me gustan
4. Me gusta / No me gusta
5. Me gustan / No me gustan

1-49

Answers will vary.

1-50

A.
1. las, estudiantes, la, clase, trabajadoras
2. las, residencias, la, universidad, modernas
3. clases, pequeñas
B.
4. los, cuadernos, nuevos
5. los, compañeros, cuarto, Juan, perezosos
6. buenos, días

1-51

1. veintisiete bolígrafos
2. una calculadora
3. treinta y un cuadernos
4. cincuenta libros
5. quince relojes
6. setenta y dos mochilas

1-52

			¹E		²H	³A	Y	
		⁶S	R			B		
	⁸Y	O	E			U		
		⁴N	O	S	O	T	R	O	⁷S
						R		O
			⁵G			I		M
			U			D		O
		¹⁰G	U	S	T	A	S
			T			
		⁹L	L	A	M	O
			N			

1-53

1. Hay
2. Es
3. son
4. estoy
5. es

1-54

Answers will vary.

1-55

1. simpático
2. gustan
3. biología
4. tímida
5. clases
6. español
7. biblioteca
8. cafetería

1-56

Answers will vary.

1-57

1. d
2. a
3. c
4. b
5. e

1-58

1. Hay cien estudiantes./ Hay cien estudiantes en la clase. / Hay cien estudiantes en la clase de biología. / Hay cien.
2. Hay catorce clases de español. / Hay catorce clases. / Hay catorce.
3. Hay ciento treinta profesores. / Hay ciento treinta profesores en la universidad. / Hay ciento treinta.
4. Hay veinticuatro edificios. / Hay veinticuatro edificios en el campus. / Hay veinticuatro.
5. Hay tres bibliotecas. / Hay tres bibliotecas en el campus. / Hay tres.

1-59

Selected items:
1. capital
2. diferente
3. programa, interesante
4. actor, artista
5. clases, cultura, historia, civilización

1-60

1. Falso
2. Cierto
3. No se menciona.
4. Cierto
5. Cierto
6. No se menciona.

1-61

Selected countries: México, Nicaragua, Paraguay, Puerto Rico

1-62

1. c
2. a
3. e
4. d
5. b
6. f

1-63

Answers will vary.

Capítulo 2   Después de clase

2-1

1. d
2. e
3. c
4. f
5. a
6. b

2-2

1. Estoy
2. sola
3. conmigo
4. fin de semana
5. trabajo
6. de
7. juntos

2-3

1. en casa
2. en el autobús
3. en el trabajo
4. en casa

2-4

Answers will vary.

2-5

1. Son las doce y veinte de la noche.
2. Son las siete menos cuarto de la mañana. / Son las siete menos quince de la mañana. / Son las seis y cuarenta y cinco de la mañana.
3. Son las nueve y veinte de la noche.
4. Son las cuatro menos cuarto de la tarde. / Son las cuatro menos quince de la tarde. / Son las tres y cuarenta y cinco de la tarde.
5. Son las doce menos diez de la noche. / Son las once y cincuenta de la noche.
6. Es mediodía. / Son las doce de la tarde.

2-6

1. tres y media
2. antes de
3. después de
4. hasta
5. de, a

2-7

1. mediodía
2. diez y media / diez y treinta
3. una menos cuarto / una menos quince
4. ocho y media / ocho y treinta
5. siete menos veinte / seis y cuarenta

2-8

1. miércoles
2. jueves
3. lunes
4. domingo
5. viernes

2-9

Answers will vary.

2-10

1. estás
2. Estoy
3. estás
4. Estoy
5. están
6. estás
7. estamos
8. estamos
9. están
10. Estamos

2-11

Answers will vary.

2-12

1. con frecuencia
2. tres veces a la semana
3. los fines de semana
4. todos los días
5. todo el día

2-13

Answers will vary.

2-14

Answers will vary.

2-15

1. e
2. c
3. a
4. d
5. f
6. b

2-16

1. d
2. f
3. b
4. a
5. c
6. e

2-17

1. d
2. d
3. c
4. b

2-18

Answers will vary.

2-19

1. c, d
2. a, d
3. c
4. c
5. a, b, c
6. c

2-20

1. baila
2. llegan
3. hablamos
4. miran
5. preparan
6. tocas

2-21

1. No se menciona.
2. Cierto
3. Falso
4. Falso
5. Cierto
6. Cierto

2-22

1. Trabajas a las siete, ¿verdad?
2. Estudias en la biblioteca esta tarde, ¿no? / Estudias esta tarde en la biblioteca, ¿no?
3. Cocinas con tus compañeros de cuarto, ¿verdad?

4. Hablas por teléfono con tus padres, ¿verdad? /
   Hablas con tus padres por teléfono, ¿verdad?
5. Miras la televisión por la noche, ¿no?

2-23

1. d
2. a
3. c
4. f
5. b
6. e

2-24

1. Cómo
2. De dónde
3. Qué
4. Cuántas
5. Quién
6. Cuál

2-25

Answers will vary.

2-26

1. Cuál
2. Qué
3. Qué
4. Cuál
5. Qué
6. Cuál

2-27

Answers will vary.

2-28

1. e
2. d
3. b
4. a
5. f
6. c

2-29

1. en el gimnasio
2. en el parque
3. en el restaurante
4. en el club nocturno
5. en el cine

2-30

1. restaurante
2. cerca
3. calle
4. lado
5. lugar
6. abierto
7. estadio
8. fútbol americano

2-31

Answers may vary. Possible answers:
1. La Facultad de Ingeniería está a la derecha de la Librería.
2. La Facultad de Medicina está a la izquierda de la Facultad de Lenguas.
3. La cafetería está al lado de la Facultad de Ciencias.

4. La biblioteca está cerca de la Facultad de Derecho.
5. El centro estudiantil está lejos de la residencia estudiantil.

2-32

1. Falso
2. Cierto
3. Cierto
4. Falso
5. Cierto
6. Cierto
7. Cierto
8. Falso

2-33

1. enfrente de
2. encima del
3. debajo de
4. entre
5. a la izquierda de
6. en

2-34

1. va al gimnasio
2. voy al cine
3. van al supermercado
4. vamos a la librería
5. vas al club nocturno

2-35

1. a
2. a
3. b
4. b
5. b
6. a

2-36

Answers will vary.

2-37

1. nerviosa
2. enojada
3. aburridos
4. triste
5. contenta

2-38

A	R	T	B	U	I	S	T	O	C	N
C	M	M	O	N	T	A	Ñ	A	O	L
C	E	R	T	P	I	S	C	I	N	A
I	Z	C	O	M	R	T	I	G	C	G
O	Q	V	I	V	I	R	P	L	I	O
M	U	S	E	O	T	S	L	E	E	T
S	I	N	A	G	O	G	A	S	R	U
E	T	E	A	T	R	O	Y	I	T	B
N	A	C	T	R	I	O	A	A	O	O

2-39

Answers may vary. Possible answers:
1. nadar / tomar el sol
2. tomar el sol / nadar / hacer esquí acuático
3. esquiar
4. ir de compras

2-40

Answers will vary.

2-41

Answers may vary. Possible answers:
1. Miguel va al trabajo a las ocho y media de la mañana.
2. Miguel toma su café a las diez y veinte de la mañana.
3. Miguel va a comer con sus colegas al mediodía.
4. Miguel regresa a casa a las cinco menos veinte de la tarde.
5. Miguel mira la televisión a las siete de la noche.
6. Miguel va a la cama a las diez y cuarto de la noche.

2-42

1. estudiante
2. miércoles
3. biología
4. martes
5. inglés
6. por la noche
7. por la tarde
8. piscina
9. sábados
10. por la mañana

2-43

1. dos veces a la semana
2. nunca
3. todos los días
4. los sábados
5. cuatro veces al mes

2-44

1. estudiamos
2. escuchan
3. habla
4. cocino
5. limpias
6. miran / miráis

2-45

1. Ana va a comprar comida en el supermercado.
2. Juan y yo vamos a bailar al club nocturno.
3. Lola y Paula van a estudiar para la clase de español.
4. Tú vas a hablar por teléfono con tus amigos. / Tú vas a hablar con tus amigos por teléfono.
5. Yo voy a preparar la cena.

2-46

Answers may vary. Possible answers:
1. ¿Quiénes son Ana y Marta?
2. ¿Qué vas a hacer el sábado por la tarde?
3. ¿Por qué vas a la biblioteca?
4. ¿Dónde está tu residencia?
5. ¿Cuántas clases tienes este semestre?

2-47

1. 2
2. 5
3. 1
4. 6
5. 4
6. 3

2-48

Answers may vary. Possible answers:
1. Hay clases de nueve a cinco todos los días.
2. Sí, hay clases todos los días de la semana.
3. No, no hay clases los fines de semana.
4. Hay clases de español tres veces a la semana.
5. Las clases son difíciles.

2-49

1. a la derecha del
2. a la izquierda de
3. enfrente de
4. entre
5. lejos de

2-50

1. Dónde
2. Cuántas
3. Por qué
4. Qué
5. Quién
6. Cuál

2-51

Answers will vary.

2-52

1. tomo café
2. compran libros
3. miran la televisión
4. nadamos en la piscina
5. escucha música
6. estudiamos en la biblioteca

2-53

1. e
2. c
3. a
4. b
5. d

2-54

1. Falso
2. No se menciona.
3. Cierto
4. Falso
5. Falso
6. Cierto
7. Falso
8. Falso

2-55

Answers will vary.

2-56

1. e
2. d
3. b
4. c
5. a

2-57

1. Cierto
2. Cierto
3. Falso
4. Falso
5. Cierto

2-58

Answers will vary.

Capítulo 3   En familia

3-1

1. mi abuela
2. mi madre / mi mamá
3. mi padre / mi papá
4. mi tía
5. mi tío
6. mi hermano
7. mi hermana
8. mi prima
9. mi sobrina

3-2

1. primo
2. tía
3. sobrino
4. abuelo
5. madre
6. nieto

3-3

1. c
2. b
3. a
4. b
5. c
6. a

3-4

1. familia
2. menor
3. casado
4. soltera
5. joven
6. simpáticos
7. sólo
8. mascotas

3-5

1. Su, sus
2. Mis, mi
3. Nuestro, Nuestra

3-6

1. de su hermana
2. de Ana
3. de su hermana
4. de las dos
5. de Ana
6. de las dos

3-7

1. Tienes
2. tengo
3. tengo
4. tengo
5. tenemos
6. tengo
7. tenéis / tienen
8. tenemos

3-8

Answers may vary. Possible answers:
1. Sí, tienen un gato y un perro.
2. Su abuela viene todos los domingos a su casa.
3. Sí, su hermana tiene que trabajar el sábado.
4. Sí, sus tíos vienen el viernes por la noche.
5. Tiene muchos libros en su cuarto.

3-9

Answers will vary.

3-10

Answers may vary. Possible answers:
1. Mi madre tiene que ir al supermercado.
2. Ana tiene que trabajar.
3. Tenemos que limpiar la casa.
4. Tengo que descansar.
5. Tienes que tocar el piano.

3-11

Answers will vary.

3-12

1. correos electrónicos
2. asisto
3. ensayo
4. leo
5. comprendo
6. correr
7. sueño

3-13

Answers will vary.

3-14

1. deben
2. compartimos
3. corre
4. abre
5. leer
6. recibo
7. comemos
8. asistimos

3-15

Answers may vary. Possible answers:

1. Mis hermanas Juana y Julia comparten su cuarto en la universidad.
2. Yo asisto a clase todos los días.
3. Mis padres no comprenden el inglés.
4. Tú debes estudiar para el examen de mañana.
5. Mi prima Ana aprende la lección de español.

3-16

1. asisto
2. aprendo
3. comemos
4. deben
5. leo
6. escribe
7. corremos

3-17

Answers will vary.

3-18

Answers will vary.

3-19

1. prisa
2. hambre
3. calor
4. miedo
5. frío

3-20

1. lógico
2. lógico
3. lógico
4. ilógico
5. lógico
6. ilógico

3-21

1. Tengo sed.
2. Tienen sueño.
3. Tienen hambre.
4. Tiene noventa años.
5. Nunca tienen miedo.
6. Tengo razón.

3-22

3-23

Answers will vary.

3-24

1. d
2. e
3. b
4. c
5. a

3-25

1. Marta
2. Antonio
3. Antonio
4. Antonio
5. Marta
6. ninguno

3-26

Answers will vary.

3-27

Selected items: ir a clase, estudiar en la biblioteca, hacer ejercicio, ir a un museo, salir de fiesta, ir a un concierto, ver la televisión

3-28

1. salimos
2. hago
3. trae
4. ponen
5. oigo

3-29

1. salgo
2. vendo
3. pongo
4. hago
5. escribo
6. veo

3-30

Answers may vary. Possible answers:
1. No, nunca pongo la radio cuando estudio.
2. Sí, siempre hago preguntas en clase.
3. No, salgo a bailar los viernes.
4. Sí, siempre traigo los libros a clase.
5. Sí, veo la televisión por la noche.

3-31

1. a
2. a
3. X
4. X
5. X

3-32

Answers will vary.

3-33

1. ellos
2. él
3. ella
4. ellos
5. ellos
6. ellas

3-34

Answers will vary.

3-35

3-36

1. f
2. c
3. a
4. e
5. b
6. d

3-37

1. reservado
2. relajados
3. liberales
4. rubia
5. egoísta
6. azules

3-38

Answers will vary.

3-39

Answers will vary.

3-40

Answers will vary.

3-41

1. nuestros / mis, nuestra / mi
2. mis, mi
3. Sus, su
4. sus, su
5. tu, tus

3-42

Answers may vary. Possible answers:
1. Hago mi tarea en mi cuarto.
2. Pongo música para bailar.
3. Veo a mis amigos los sábados.
4. Traigo a mis amigos a mi casa los fines de semana.
5. Leo revistas.

3-43

1. hago
2. ve
3. traen
4. ponemos, salimos
5. viene
6. tengo

3-44

1. c
2. a
3. a
4. a
5. b
6. c

3-45

1. José
2. Olga
3. María
4. Jorge
5. Lola
6. Elena

7. Jaime
8. Ana / Elenita
9. Elenita / Ana
10. Jorgito
11. Inés
12. Pablo

3-46

A. 1. familia
2. bajos
3. generoso
4. reservada
5. chistosos

B. 1. divorciada
2. mayor
3. castaño
4. amistoso
5. temperamental

3-47

1. e
2. b
3. a
4. c
5. d
6. f

3-48

1. tus
2. Mi
3. Nuestra
4. Mi
5. Sus

3-49

Answers will vary.

3-50

1. b
2. a

3-51

1. Cierto
2. No se menciona.
3. No se menciona.
4. Falso

3-52

Answers will vary.

3-53

Answers will vary.

3-54

1. cuarenta y un / 41
2. Uruguay
3. cuatro / 4
4. México / Oaxaca
5. Nueva York
6. veinticinco / 25
7. estudiante
8. Puerto Rico /
   Nueva York
9. dieciocho / 18
10. teatro
11. Nueva York
12. veintiséis / 26
13. Paraguay / Brasil
14. Argentina

3-55

Answers may vary. Possible answers:
1. Son familias muy grandes con muchos hijos.
2. Son familias separadas. Muchos viven en /son de países diferentes.

3-56

Answers will vary.

Capítulo 4   En casa

4-1

1. afueras
2. jardín
3. piscina
4. barrio
5. dormitorios
6. garaje
7. centro
8. alquiler

4-2

1. el dormitorio
2. el garaje
3. la cocina
4. el comedor
5. la sala
6. el jardín / el patio

4-3

1. Cierto
2. Falso
3. Cierto
4. Falso
5. Cierto
6. Falso
7. Falso
8. Falso

4-4

Answers will vary.

4-5

1. b
2. c
3. a
4. e
5. d

4-6

1. a
2. c
3. d
4. b
5. a

4-7

1. dos mil
2. ciento diez
3. trescientos treinta y tres
4. dos millones
5. trescientos setenta y cinco

4-8

1. 52
2. 79
3. 915
4. 183
5. 22

4-9

1. dos mil quinientos
2. mil seiscientos noventa
3. novecientos cincuenta
4. mil cien
5. mil ochocientos setenta y cinco

4-10

1. b
2. c
3. a
4. d
5. e

4-11

1. Siempre
2. nada
3. ni, ni
4. nadie
5. también
6. alguien

4-12

Answers may vary. Possible answers:
1. Tú nunca limpias la casa.
2. No hay ninguna comida podrida en mi dormitorio.
3. Tú nunca preparas la comida al mediodía.
4. Tú no preparas la cena tampoco.
5. Tú siempre invitas a alguien a cenar.

4-13

Answers will vary.

4-14

1. lámparas
2. suelo
3. impresora
4. espejo
5. cómoda
6. pintura

4-15

A	D	R	J	R	O	L	P
N	E	G	R	O	T	E	A
A	A	X	O	J	G	D	Z
R	P	Z	S	O	B	R	U
A	E	N	A	P	S	E	L
N	V	S	D	S	A	V	I
J	S	G	O	I	E	T	U
A	E	L	A	R	T	S	B
D	T	I	E	G	I	E	B
O	A	E	R	F	N	O	I

4-16

1. verdes, marrones
2. gris / blanco
3. azul
4. beige / grises, azules / verdes, blancos, negras
5. amarillas
6. blancas

4-17

Answers will vary.

4-18

1. estás
2. Estoy
3. es
4. Es
5. son
6. es
7. es
8. estoy

4-19

1. Está sucio
2. Estás lista
3. está enferma
4. estoy nerviosa
5. estoy contenta

4-20

1. están
2. están
3. son
4. es
5. está
6. está
7. está
8. es

4-21

Answers will vary.

4-22

1. más, que
2. menos, que
3. más, que
4. tantos, como
5. menos, que

4-23

Answers will vary.

4-24

1. Gloria tiene un cuarto tan grande como Elena. / Elena tiene un cuarto tan grande como Gloria.
2. Gloria es tan desordenada como Elena. / Elena es tan desordenada como Gloria.
3. Gloria limpia tanto como Elena. / Elena limpia tanto como Gloria.
4. Gloria está tan ocupada como Elena. / Elena está tan ocupada como Gloria.
5. Gloria paga un alquiler tan alto como Elena. / Elena paga un alquiler tan alto como Gloria.

4-25

Answers will vary.

4-26

Answers will vary.

4-27

1. desayunar
2. almorzar
3. empezar
4. tarde
5. cenar
6. volver
7. temprano

4-28

Answers will vary.

4-29

1. empiezo
2. juego
3. entiendo
4. duermo
5. Prefiero
6. pierdo

4-30

1. almuerza
2. cierra
3. cuenta
4. duermen
5. juegan, pueden

4-31

1. Juanito no puede encontrar a su mamá.
2. Gloria dice que está enojada con Rubén.
3. Rubén no entiende por qué Gloria está enojada.

4. Esteban piensa en una muchacha que le gusta.
5. Luis almuerza con Esteban.
6. Manuela no tiene ropa limpia.

4-32

1. prácticamente
2. recientemente
3. tranquilamente
4. aproximadamente
5. céntricamente

4-33

Answers may vary. Possible answers:

1. Limpio mi apartamento rápidamente por la mañana.
2. Leo mis correos electrónicos tranquilamente.
3. Me gusta especialmente ir al supermercado por la tarde.
4. Miro la televisión constantemente por la noche.

4-34

Answers will vary.

4-35

1. ruidoso
2. hablador
3. chismoso
4. callado

4-36

1. estacionamientos
2. recibo de la luz
3. cortar el césped
4. basura
5. lavar
6. funcionan

4-37

4-38

Answers will vary.

4-39

1. 117
2. 952
3. 3600
4. 8288
5. 250

4-40

1. siempre
2. Nadie
3. ninguna
4. tampoco
5. algo

4-41

1. son
2. es
3. Es
4. Está
5. están
6. Es

4-42

Answers will vary.

4-43

1. encuentro
2. almorzamos
3. quiere / prefiere
4. volvemos
5. empieza
6. duerme
7. prefiero / quiero
8. juego

4-44

1. alegremente
2. frecuentemente
3. tranquilamente
4. animadamente
5. elegantemente
6. particularmente

4-45

1. mil quinientos
2. novecientos noventa
3. ochocientos cincuenta
4. mil doscientos
5. dos mil trescientos

4-46

1. centro
2. cocina
3. nevera
4. sofás
5. armario
6. piscina
7. garaje
8. alquiler

4-47

1. Falso
2. Cierto
3. Falso
4. Falso
5. Cierto
6. Falso

4-48

Answers will vary.

4-49

Answers will vary.

4-50

Selected items: 1, 2, 5

4-51

1. Cierto
2. Falso
3. Falso
4. Cierto
5. Falso
6. Cierto

4-52

Answers may vary. Possible answers:
1. Está situado en el sur de Madrid.
2. No, no está lejos del centro de la ciudad.
3. La parada Lavapiés está en la línea amarilla.
4. Es famoso por su diversidad cultural.
5. Un 50% de la población no es española.

4-53

Selected items: La educación, la disciplina, las clases de idiomas, la falta de motivación, las clases de español

4-54

1. d
2. f
3. a
4. b
5. c
6. e

4-55

1. Falso
2. Cierto
3. Cierto
4. Falso
5. Cierto
6. Cierto

4-56

Answers will vary.

Capítulo 5 Los fines de semana

5-1

1. ilógico
2. lógico
3. lógico
4. lógico
5. ilógico

5-2

1. me levanto
2. me lavo la cara / me ducho
3. me visto
4. me encuentro
5. Me divierto
6. me ducho / me lavo la cara
7. me acuesto

5-3

1. 2
2. 8
3. 1
4. 6
5. 3
6. 4
7. 7
8. 5

5-4

1. Patricio
2. Mauricio
3. Patricio
4. Mauricio
5. los dos
6. Patricio
7. Patricio
8. Mauricio

5-5

1. a
2. a
3. b
4. a
5. b
6. a

5-6

1. me
2. me
3. nos
4. nos
5. nos
6. se
7. me
8. nos
9. Te

5-7

1. Se levanta, se ducha
2. se viste
3. se van
4. se encuentra
5. se queda
6. se sienta, Se siente

5-8

Answers will vary.

5-9

1. c
2. e
3. d
4. a
5. b

5-10

Answers will vary.

5-11

Answers will vary.

5-12

1. una camisa / unas camisas
2. una corbata / unas corbatas
3. un traje
4. una falda
5. unos pantalones
6. una blusa
7. un vestido
8. unas sandalias
9. unos zapatos / un zapato
10. una bolsa

5-13

1. sandalias
2. vestido
3. falda
4. bolsa
5. blusa

5-14

1. c
2. a
3. e
4. b
5. d

5-15

1. servirle
2. Busco
3. talla
4. Cuesta
5. probarme
6. cómo no
7. llevar
8. efectivo

5-16

1. Cierto
2. Falso
3. Falso
4. Cierto
5. Cierto
6. No se menciona.
7. Cierto

5-17

1. a, c, d
2. a, c
3. b, c, d

5-18

1. b
2. a
3. d
4. e
5. c

5-19

Answers may vary. Possible answers:
1. un traje de baño con unas sandalias
2. un traje, una camisa blanca con una corbata, un sombrero y unos tenis blancos
3. una chaqueta, una camiseta blanca, unos pantalones cortos y unas botas

5-20

1. este
2. ése
3. aquél
4. éstas
5. ésas
6. aquéllas
7. ésas

5-21

1. este
2. esas
3. aquellas
4. esta
5. esas
6. aquellos

5-22

1. levantarme
2. ducharme
3. encontrarme
4. divertirnos
5. quedarse
6. sentarnos
7. acostarnos

5-23

Answers will vary.

5-24

Answers will vary.

5-25

Answers will vary.

5-26

1. preparando
2. tocando
3. bailando
4. viendo
5. hablando
6. escuchando
7. tomando
8. jugando

5-27

1. e
2. f
3. b
4. a
5. c
6. d

5-28

1. está durmiendo
2. está comiendo
3. está leyendo
4. están hablando
5. está escribiendo
6. están cantando

5-29

1. está lavando
2. están jugando
3. está estudiando
4. está viendo
5. está leyendo
6. estoy limpiando

5-30

1. están durmiendo
2. se está lavando los dientes / está lavándose los dientes / está cepillándose los dientes / se está cepillando los dientes
3. se está duchando / está duchándose
4. se está vistiendo / está vistiéndose
5. están comiendo / están tomando café / están desayunando / están hablando / están conversando

5-31

Answers will vary.

5-32

1. enero
2. septiembre
3. octubre
4. julio
5. agosto

5-33

1. enero
2. junio
3. noviembre
4. octubre
5. diciembre
6. julio

5-34

1. el catorce de febrero / el 14 de febrero
2. el treinta y uno de octubre / el 31 de octubre
3. el veinticinco de diciembre / el 25 de diciembre
4. el treinta y uno de diciembre / el 31 de diciembre
5. el primero de enero / el 1 de enero / el uno de enero

5-35

Answers will vary.

5-36

1. el invierno
2. la primavera
3. el verano
4. el otoño

5-37

1. e
2. c
3. b
4. d
5. a

5-38

Answers may vary. Possible answers:
1. Hace mucho viento.
2. Está nevando.
3. Está lloviendo mucho y hace viento.

5-39

Answers may vary. Possible answers:

1. Hace sol en Pinar del Río.
2. Llueve en Granada.
3. Hace viento al sur de Cuba.
4. El cielo está nublado al norte de Guantánamo.
5. No, no nieva en el Caribe.

5-40

1. a
2. b, c
3. a
4. a, c
5. a, b

5-41

Answers will vary.

5-42

Answers will vary.

5-43

1. c
2. h
3. d
4. b
5. a
6. e
7. g
8. f

5-44

1. esa / ésa
2. aquel / aquél
3. estas / éstas
4. esos / ésos
5. aquel / aquél

5-45

1. estoy tomando el sol
2. estoy haciendo ejercicio
3. estoy jugando al tenis
4. estamos viendo una obra de teatro

5-46

1. b
2. a
3. c
4. a
5. b

5-47

1. levantarme
2. me aburro
3. divertirme
4. probarse
5. se quedan
6. me enojo
7. me llevo
8. sentarme
9. relajarme
10. me voy

5-48

1. servirle
2. buscando
3. color
4. talla
5. éste
6. pagar
7. cheque

5-49

1. está comprando
2. está buscando
3. están jugando
4. están leyendo
5. está hablando

5-50

Answers may vary. Possible answers:

1. El 23 de noviembre va a estar abierta de la una de la tarde a las cuatro de la tarde.
2. El 27 de noviembre va a estar abierta de las nueve de la mañana a las seis de la tarde.
3. El 26 de noviembre va a estar abierta de la una de la tarde a las cuatro de la tarde.
4. El 22 de noviembre va a estar abierta de las nueve de la mañana a las seis de la tarde.
5. El 18 de noviembre va a estar abierta de las diez de la mañana a las cuatro de la tarde.

5-51

1. Falso
2. No se menciona.
3. Falso
4. Cierto
5. Cierto
6. Falso
7. Falso
8. No se menciona.

5-52

1. me despierto
2. me levanto
3. Me ducho
4. me voy
5. me quedo
6. me encuentro
7. nos vamos
8. me relajo
9. me lavo los dientes
10. me acuesto

5-53

Selected items: Puerto Rico, México, Paraguay

5-54

1. e
2. d
3. f
4. c
5. a
6. b

5-55

1. Cierto
2. Cierto
3. Falso
4. Cierto
5. Cierto
6. Cierto

5-56

Answers will vary.

Capítulo 6 En Internet

6-1

1. c
2. d
3. b
4. f
5. e
6. a

6-2

Selected words: Estudiantes, universitarios, acceso, Internet, información, importante, estudiantes, investigación, estudios, clases, estudiantes, computadora, razón, universidades, ofrecen, estudiantes, posibilidad, consultar, electrónico, navegar, campus, computadoras, universidades, laboratorios, computadoras, estudiantes, difícil, imaginar, existe

6-3

1. están
2. Hay
3. Es
4. son
5. son
6. es
7. es
8. estamos

6-4

1. está
2. está
3. está
4. Es
5. hay
6. es
7. es
8. Es

6-5

1. una
2. la
3. los
4. una
5. las
6. los
7. un
8. la
9. la
10. la

6-6

1. La página web tiene muchos colores atractivos.
2. Tiene 50 recetas de comida internacional.
3. Hay recetas tradicionales de comida mexicana.
4. Las recetas son muy fáciles.
5. También tiene unas recetas más difíciles.

6-7

1. Treinta y dos
2. Nueve
3. Ocho
4. Seis
5. Siete

6-8

1. Falso
2. Cierto
3. Falso
4. No se menciona.
5. Falso
6. Cierto

6-9

1. menos, que
2. menos, que
3. más, que
4. menos, que
5. más, que

6-10

Answers will vary.

6-11

Answers will vary.

6-12

1. Cierto
2. Falso
3. Cierto
4. Cierto
5. Falso
6. Falso

6-13

1. busca, comprar
2. lee, escribe
3. abre, venden
4. compara, paga
5. debe, llega

6-14

1. uso
2. escribimos
3. recibo / leo
4. pasamos
5. hablamos
6. contesto
7. viven
8. leo / recibo

6-15

1. Qué / Cómo
2. Dónde
3. Cuántas / Qué
4. Cuántas
5. Cuáles / Cómo

6-16

Answers will vary.

6-17

1. tengo
2. tenemos
3. tiene
4. tienen
5. tener
6. tenemos

6-18

1. e
2. c
3. a
4. b
5. d
6. f

6-19

1. hago
2. Pongo
3. veo
4. salgo
5. oigo

6-20

1. salgo
2. pongo
3. veo
4. oigo
5. trae
6. hago

6-21

Answers will vary.

6-22

1. Falso
2. No se menciona.
3. Cierto
4. Cierto
5. Falso

6-23

1. voy
2. va
3. vamos
4. vamos
5. vamos
6. vamos
7. vamos
8. va

6-24

Answers will vary.

6-25

1. Mis
2. Nuestro
3. mi
4. Mi, sus
5. Mi, su
6. Nuestra

6-26

1. mi
2. nuestra
3. nuestra
4. mis
5. mis
6. su
7. mis
8. sus
9. sus
10. mi

6-27

1. este
2. ese
3. esta
4. esa
5. este
6. ese
7. este
8. Estos

6-28

1. esta
2. Estas
3. Aquella / Esa
4. Esas / Aquellas
5. este
6. aquel / ese

6-29

1. quiero
2. entiendo
3. almorzamos
4. dormimos
5. dice
6. cuenta
7. piensas
8. prefiero

6-30

Answers will vary.

6-31

1. *Facebook*
2. *LinkedIn*
3. *LinkedIn*
4. *Facebook*

6-32

1. d
2. e
3. b
4. c
5. f
6. a

6-33

1. Falso
2. Cierto
3. Cierto
4. Falso
5. Cierto
6. No se menciona.

6-34

1. se despierta
2. se ducha
3. se maquilla
4. se van
5. se queda
6. se va
7. se relaja
8. se acuestan

6-35

1. se enamoran
2. se pelea
3. se encuentra
4. nos casamos
5. se divorcian
6. se besan

6-36

Answers will vary.

6-37

1. están pintando
2. está leyendo
3. Estoy limpiando
4. está cortando
5. estamos tomando

6-38

1. Está cocinando.
2. Está jugando al fútbol.
3. Está leyendo el periódico.
4. Se están casando. / Están casándose.
5. Están haciendo una excursión.

6-39

1. claramente
2. tranquilamente
3. rápidamente
4. fácilmente
5. completamente

6-40

Answers will vary.

Capítulo 7 De viaje

7-1

1. vacaciones
2. Nadé
3. bosques
4. platos regionales
5. recuerdos
6. pasaporte
7. adónde
8. agencia de viajes
9. hotel
10. pescar

7-2

1. Cierto
2. Falso
3. Cierto
4. Falso
5. Falso
6. No se menciona.

7-3

1. d
2. e
3. c
4. b
5. f
6. a

7-4

Answers will vary.

7-5

1. Entré
2. Compré
3. Fui
4. Reservé
5. Hice
6. Abordé

7-6

1. viajamos
2. nos alojamos
3. nadó, vio
4. pescaron
5. salió
6. probamos

7-7

Answers may vary. Possible answers:
A. 1. me alojé en un hotel en el centro de la ciudad.
2. vi una obra musical en Broadway.
3. visité muchos museos.
4. corrí cada mañana por el Parque Central.

B. 1. visitó San José, la capital.
2. caminó por los bosques.
3. vio los volcanes.
4. probó la comida costarricense.
C. 1. salieron en velero.
2. pescaron en el mar.
3. tomaron el sol en la playa.
4. nadaron todos los días.

7-8

Answers may vary. Possible answers:
1. Yo fui a la playa hace dos meses.
2. Tú visitaste México el año pasado.
3. Mi madre vio una película anoche.
4. Mi hermano salió a un club la semana pasada.
5. Mis padres comieron en un restaurante ayer.
6. Mi familia y yo viajamos en avión el mes pasado.

7-9

Answers will vary.

7-10

1. a
2. b
3. b
4. a
5. c

7-11

Answers may vary. Possible answers:
1. Pablo durmió mucho, pero yo dormí poco.
2. Pablo se despertó temprano, pero yo me desperté tarde.
3. Pablo se vistió inmediatamente el primer día para salir, pero yo no me vestí.
4. Pablo prefirió salir a varios restaurantes, pero yo preferí comer en el hotel.
5. Pablo se divirtió mucho, pero yo no me divertí nada.

7-12

1. almorzó, Probó, prefirió
2. vio, volvió
3. Durmió, se levantó, se duchó
4. se vistió, salió
5. durmió, se divirtió
6. Se acostó, se despertó

7-13

Answers will vary.

7-14

1. el pasajero
2. la asistente de vuelo
3. el avión
4. el encargado
5. el equipaje

7-15

1. c
2. g
3. d
4. f
5. a
6. e
7. b

7-16

1. d
2. d
3. b
4. d
5. a

7-17

1. asiento
2. llegada
3. salida
4. vuelo
5. abordar
6. escala

7-18

1. pasaporte
2. escala
3. vuelo
4. asiento
5. ventanilla
6. puerta
7. abordar
8. tarjetas de embarque

7-19

1. fui
2. Viajé
3. Despegué
4. aterricé
5. fue
6. llegué
7. abracé
8. almorcé
9. fui
10. visité
11. pesqué
12. jugué

7-20

1. Falso
2. Cierto
3. Falso
4. Cierto
5. No se menciona.
6. Cierto

7-21

Selected verbs:
fui, Fue, Nos fuimos, Llegamos, facturamos, despegó, llegamos, fuimos, Hizo, fuimos, Pudimos, volvimos, Agradecimos, Fue

7-22

1. me fui
2. viajamos
3. nos quedamos
4. hizo
5. llovió
6. nadamos
7. pesqué
8. quiso
9. tuvo
10. pudo

7-23

Answers will vary.

7-24

Answers will vary.

7-25

Answers will vary.

7-26

1. b
2. e
3. a
4. d
5. c
6. f

7-27

B	A	N	C	O	E	P	T	E	T
B	F	N	U	C	E	E	V	C	J
I	A	T	A	S	S	L	A	A	A
S	R	L	D	O	Q	U	T	M	M
O	M	E	R	I	U	Q	E	B	T
T	A	O	A	U	I	U	N	I	U
B	C	P	A	Q	N	E	V	A	E
E	I	S	I	Q	A	R	I	R	R
C	A	C	A	Ñ	B	Í	A	R	P
V	E	C	I	N	D	A	R	I	O

7-28

1. gasolinera / estación de servicio
2. oficina de correos
3. peluquería
4. farmacia
5. banco
6. quiosco / quiosco de periódicos

7-29

1. las
2. lo
3. los
4. lo
5. la
6. las

7-30

1. a
2. b
3. a
4. a
5. b
6. a

7-31

Answers will vary.

7-32

1. Sabes
2. Conoces
3. Sabes
4. Conoces
5. Sabes
6. Conoces, Sabes

7-33

1. sabes
2. conocen
3. saben
4. sabes
5. conoce
6. saben

7-34

1. Sabes
2. sabes
3. sé
4. conoces
5. conozco
6. sé

7-35

Answers will vary.

7-36

1. sexto
2. quinto
3. tercer
4. cuarto
5. segundo

7-37

1. identificación
2. sencilla
3. vistas
4. incluido
5. tercer
6. llave
7. recepción
8. piscina

7-38

1. huéspedes
2. recepcionista
3. planta baja
4. ascensor / elevador
5. llave

7-39

Answers will vary.

7-40

Answers will vary.

7-41

1. No se menciona.
2. Cierto
3. Falso
4. Cierto
5. Falso
6. Cierto

7-42

1. la llamé / la llamé para despedirme
2. lo cambié / lo cambié en el banco
3. los pedí
4. no la hice
5. no los preparé

7-43

1. Sabes
2. Conoces
3. Conoces
4. Sabes
5. Sabes
6. Conoces

7-44

A.
1. reserva
2. primero
3. doble
4. fumadores
5. incluido
6. reservada

B.
1. boleto
2. vuelo
3. directo
4. escala
5. asientos
6. ventanilla
7. facturar

7-45

1. Conoces
2. Sabes
3. Conoces
4. Sabes
5. Sabes
6. Conoces

7-46

1. lo tengo / yo lo tengo
2. no la reservé / yo no la reservé
3. no las tiene / el hotel no las tiene
4. lo tiene / el hotel lo tiene
5. lo tiene / el hotel lo tiene

7-47

1. Perdí
2. perdiste
3. fui
4. nadé
5. Dejé
6. volví
7. hiciste
8. Busqué
9. Llamaste
10. llamé
11. Hablé
12. dijeron

7-48

Answers will vary.

7-49

1. c   4. a
2. b   5. e
3. d

7-50

1. Falso   4. Falso
2. Cierto   5. Cierto
3. Falso   6. Falso

7-51

1. Fernando   4. Luis
2. Fernando   5. Fernando
3. Luis   6. Luis

7-52

1. Cierto   4. Cierto
2. Cierto   5. Cierto
3. Falso   6. Falso

7-53

Answers will vary.

7-54

Answers will vary.

Capítulo 8   La niñez

8-1

1. niñas   6. había
2. quería   7. estudiabas
3. Eras   8. escuela
4. traviesa   9. alumna
5. portarte   10. semana

8-2

1. Mario, Juan   4. Mario, Juan
2. Juan, Mario   5. Juan, Mario
3. Juan, Mario

8-3

P	O	R	F	S	P	A	R	A	O
E	T	S	A	V	U	I	E	L	Ñ
S	E	S	L	B	I	L	C	U	V
C	C	R	T	A	T	D	R	M	I
U	E	D	A	D	O	A	E	N	D
E	L	I	R	A	Ñ	D	O	O	E
L	T	R	A	V	I	E	S	O	R
A	R	T	I	S	N	A	N	O	X

8-4

1. éramos   6. hacía
2. íbamos   7. Había
3. tenían   8. regresábamos
4. jugábamos   9. íbamos
5. íbamos   10. Nos gustaban

8-5

1. e   4. b
2. a   5. d
3. c   6. f

8-6

1. era   7. hacía
2. iba   8. íbamos
3. nos quedábamos   9. Pasábamos
4. hacía   10. estábamos
5. nadábamos   11. eran
6. jugábamos   12. nos divertíamos

8-7

Answers will vary.

8-8

1. c   4. a
2. a   5. c
3. b

8-9

1. se hablan   4. se puede
2. se hacen   5. uno se divierte
3. se conoce

8-10

Answers will vary.

8-11

1. nací
2. vida, preocupado
3. cumplí
4. equipo
5. pasó, muerte
6. orgullosos

8-12

1. d
2. b
3. c
4. f
5. a
6. e

8-13

Answers will vary.

8-14

1. Cierto
2. No se menciona.
3. Cierto
4. Falso
5. Falso
6. Cierto

8-15

1. comíamos, era
2. estaba, empezó
3. sabía, era, vi, era
4. Fueron

8-16

1. veía, vi
2. desayunaban, desayuné
3. llevaba, llevó
4. iba, fuimos
5. pasábamos, pasé
6. era, Fue

8-17

1. salí
2. tenía
3. se llamaba
4. Me encontré
5. Eran
6. estaba
7. llegué
8. tenía
9. era
10. hacía
11. estábamos
12. pedí
13. hablamos
14. volví
15. salimos
16. se mudó

8-18

1. veían, entró
2. estudiaba, estaba
3. paseaban, llegaron
4. compraba, pescaba
5. hablaba, tocaba

8-19

1. estaba, estudiaba, tenía, empecé, cambió
2. gustaban, practicaba, tuve, tenía

3. vieron, eran, se enojaron
4. volví, eran
5. aprendí, comprendí, eran
6. me gradué, tenía, estaban

8-20

Answers will vary.

8-21

Answers will vary.

8-22

1. Cuando
2. Cuando
3. entonces
4. Mientras
5. Al principio
6. luego
7. por eso
8. Después de
9. para

8-23

1. Cuando
2. al principio
3. luego
4. mientras
5. entonces
6. Después de
7. por eso
8. Al

8-24

Answers will vary.

8-25

1. llegué
2. esperaba
3. estaba
4. conocía
5. vi
6. eran
7. fuimos
8. me duché
9. salimos
10. me desperté

8-26

1. Falso
2. Cierto
3. Falso
4. No se menciona.
5. Cierto
6. Cierto

8-27

Answers will vary.

8-28

Answers will vary.

8-29

1. conocía, conocí
2. quiso, quería
3. sabía, supe
4. pudo, podía

8-30

Answers will vary.

8-31

1. abogado / juez
2. policía
3. hombre de negocios / programador / secretario / contador
4. obrero de construcción / obrero de la construcción / obrero
5. bombero

8-32

1. te dedicas
2. maestra
3. colegio
4. enfermera
5. carrera
6. pintora
7. sueño

8-33

1. e
2. a
3. b
4. c
5. d
6. f

8-34

Answers will vary.

8-35

Answers will vary.

8-36

1. d
2. c
3. f
4. a
5. b
6. e

8-37

1. vivíamos
2. teníamos
3. hacía
4. nadaba
5. estudiaba
6. tomaba
7. podía
8. teníamos
9. gustaba
10. iba
11. estaba
12. éramos

8-38

1. b
2. c
3. a
4. b
5. a

8-39

1. No se menciona.
2. No se menciona.
3. Cierto
4. Falso
5. Falso

8-40

1. me levantaba
2. Desayunaba
3. me iba
4. tomaba
5. nos íbamos
6. tenía
7. comía
8. tenía
9. me quedaba
10. regresaba

8-41

1. estaba
2. viajé
3. Tomé
4. compré
5. llegamos
6. fuimos
7. visitamos
8. subimos
9. salimos
10. bailamos

8-42

Answers will vary.

8-43

Selected items:
un príncipe, el amor, un final feliz, un castillo

8-44

1. c
2. d
3. a
4. b
5. e

8-45

Answers may vary. Possible answers:
1. Era muy bonita. Tenía el pelo rubio muy largo, y los ojos azules.
2. Su padre quería casarla con un buen príncipe.
3. "Lo siento, pero usted no es mi príncipe azul."
4. Vio a un humilde poeta.
5. Le gustó su voz.
6. Supo que el poeta era su príncipe azul.

8-46

Answers will vary.

8-47

Answers will vary.

8-48

Selected words:
el negocio, la música, México, Francia, la universidad, las matemáticas

8-49

1. c
2. b
3. d
4. a

8-50

1. Analissa
2. Alejandro
3. Barbara
4. Alejandro
5. Gloria

8-51

Answers will vary.

Capítulo 9   En el restaurante

9-1

1. el té / el té caliente
2. los huevos / el huevo
3. el jugo de naranja / el zumo de naranja / el jugo / el zumo
4. el pan / el pan tostado
5. la cerveza
6. la ensalada de lechuga y tomate / la ensalada / la ensalada de tomate y lechuga / la ensalada con lechuga y tomate / la ensalada con tomate y lechuga
7. la fruta / las frutas / la naranja
8. las papas fritas / las patatas fritas
9. el pescado
10. el pollo / el pollo asado
11. el helado

9-2

A	L	E	O	T	A	R	S	E	N
C	E	R	V	E	Z	A	T	L	I
I	C	E	I	T	Ú	D	P	A	N
N	H	I	N	U	C	E	O	G	U
E	E	T	O	S	A	O	S	U	V
T	E	E	U	F	R	U	T	A	R
S	S	S	T	A	C	A	R	N	E
O	S	A	R	U	D	R	E	V	S

9-3

1. sopa de brócoli
2. pescado / verduras / papa al horno
3. verduras / pescado / papa al horno
4. papa al horno / pescado / verduras
5. pastel de chocolate
6. agua
7. nada
8. bistec / arroz / verduras
9. arroz / bistec / verduras
10. verduras / arroz / bistec
11. helado de vainilla
12. vino tinto
13. ensalada
14. chuleta de cerdo / papas fritas
15. papas fritas / chuleta de cerdo
16. flan
17. cerveza

9-4

1. les
2. le
3. le
4. les
5. me
6. nos

9-5

1. nos
2. le
3. Les
4. Nos
5. Me, les
6. Le

9-6

1. le
2. le
3. Le
4. nos
5. te
6. me
7. me
8. me
9. les

9-7

Answers will vary.

9-8

1. f
2. b
3. e
4. c
5. a
6. d

9-9

Answers will vary.

9-10

Answers will vary.

9-11

1. el tenedor
2. el cuchillo
3. la cuchara
4. el plato
5. la copa
6. la botella
7. el vaso
8. la taza
9. la servilleta

9-12

1. listos
2. carta
3. viene
4. plato principal
5. desean
6. tinto

9-13

1. a
2. c
3. b
4. c
5. a

9-14

1. os lo recomiendo / se lo recomiendo / os lo recomiendo para buscar un apartamento / se lo recomiendo para buscar un apartamento
2. te las recomiendo
3. se la recomiendo / se la recomiendo para comprar libros
4. te lo recomiendo / te lo recomiendo para hacer las compras
5. os lo recomiendo / se lo recomiendo / os lo recomiendo para pasear el perro / se lo recomiendo para pasear el perro

9-15

1. b
2. a
3. a
4. b
5. c
6. c

9-16

1. se la di
2. se las envié
3. no me lo dio
4. me los enseñó
5. no se lo pagué
6. te la compré

9-17

1. gustaría
2. podrías
3. preferiría
4. sería
5. encantaría
6. deberías
7. nos divertiríamos
8. iríamos

9-18

Answers will vary.

9-19

Answers will vary.

9-20

Answers will vary.

9-21

1. d
2. d
3. a
4. b
5. b

9-22

1. bajar de peso
2. equilibrada
3. basura
4. La cafeína
5. evitar
6. los refrescos
7. vitaminas
8. el brócoli

9-23

1. c
2. a
3. f
4. d
5. b
6. e

9-24

Answers will vary.

9-25

1. será
2. Habrá
3. hablarán
4. tendrán
5. darán
6. existirá
7. tendrán
8. podrán
9. será

9-26

1. iré
2. visitaremos
3. hará
4. pasaremos
5. tomará
6. nadaré
7. correré
8. viajaremos
9. escribiré
10. diré

9-27

Answers will vary.

9-28

1. bistec, El tuyo
2. ensalada / ensalada de lechuga y tomate / ensalada de tomate y lechuga / ensalada con lechuga y tomate / ensalada con tomate y lechuga, la nuestra

3. helado / helado de vainilla y chocolate / helado de chocolate y vainilla, El mío
4. pescado, El suyo
5. camarones, Los suyos / los vuestros

9-29

1. La ensalada, el queso
2. asado, frito
3. los espárragos, las papas fritas / las papas
4. solo, con azúcar
5. la ensalada de frutas, el helado

9-30

1. La tuya
2. la mía
3. las tuyas
4. el suyo
5. el mío

9-31

1. frutas
2. manzanas
3. verduras
4. espinacas
5. kilo
6. centavos

9-32

1. c
2. b
3. a
4. c
5. c

9-33

1. f
2. a
3. d
4. c
5. e
6. b

9-34

1. le
2. se lo
3. le
4. Se la
5. le
6. Le
7. se los

9-35

Answers will vary.

9-36

Answers will vary.

9-37

1. b
2. a
3. b
4. b
5. a

9-38

Answers will vary.

9-39

1. servirle
2. beber
3. una copa
4. la carta
5. la ensalada
6. pan
7. el plato
8. postres
9. pastel
10. la cuenta

9-40

1. les encanta
2. me faltan
3. nos da asco
4. te gustan
5. me importa

9-41

Answers will vary.

9-42

Answers will vary.

9-43

1. no se la di
2. se lo leí
3. no se lo ofrecí
4. se la serví
5. se la enseñé

9-44

1. Cierto
2. No se menciona.
3. Falso
4. Cierto
5. Cierto
6. No se menciona.

9-45

Answers will vary.

9-46

Answers will vary.

9-47

Selected words: vino, plato típico, español, Nueva York, postres, obesidad, actividad física

9-48

1. d
2. e
3. c
4. b
5. a
6. f

9-49

1. Cierto
2. Falso
3. Cierto
4. Cierto
5. Falso

9-50

Answers will vary.

9-51

Answers will vary.

Capítulo 10 En el médico

10-1

1. la boca
2. el brazo
3. la cabeza
4. los dedos
5. la mano
6. la nariz
7. la oreja
8. el pie
9. la pierna
10. la rodilla

10-2

1. c
2. a
3. c
4. c
5. b
6. b

10-3

1. pasó
2. te lastimaste
3. Me rompí
4. jugaba
5. corría
6. me caí
7. Fui
8. estaba
9. dolía
10. trató
11. era

10-4

Selected verbs: Vaya, siga, gire, Suba, salga, Abra, entre, Camine, continúe

10-5

1. b
2. a
3. e
4. d
5. c

10-6

1. No coma
2. Evite
3. Tenga
4. Duerma
5. No piense
6. Salga

10-7

1. b
2. d
3. c
4. e
5. a

10-8

1. me caí, me lastimé, me duele
2. me corté
3. me resfrié, me preocupo
4. se cayó, le duele

10-9

1. no lo tome
2. cámbiela
3. úselas
4. Hágasela
5. llámeme

10-10

Answers will vary.

10-11

Answers will vary.

10-12

1. temperatura
2. fiebre
3. tos
4. estornudo
5. la garganta
6. examinar
7. un catarro
8. recetar
9. pastillas
10. medicamentos

10-13

1. e
2. a
3. d
4. c
5. b

10-14

1. Falso
2. Cierto
3. Falso
4. Falso
5. No se menciona.
6. Cierto

10-15

Answers will vary.

10-16

1. d
2. f
3. e
4. a
5. b
6. c

10-17

1. hables
2. Estudia
3. Escucha
4. comas
5. Ven
6. llegues

10-18

Answers will vary.

10-19

1. a
2. b
3. a
4. c
5. b
6. c

10-20

1. estén
2. hagan
3. digan
4. cuiden
5. vaya
6. den

10-21

Answers will vary.

10-22

1. tristeza
2. miedo
3. insomnio
4. irritabilidad
5. desesperanza

10-23

1. cansada
2. tristeza
3. insomnio
4. falta
5. irritabilidad
6. depresión
7. ejercicio
8. estrés

10-24

Selected items:
Toma vitaminas., Toma un desayuno sano., Come frutas durante el día., Va al gimnasio por la tarde., Se acuesta temprano., Va a la piscina los sábados., Camina por el parque los domingos.

10-25

1. coman
2. trabajen, se relajen
3. hagan
4. eviten
5. beban

10-26

1. es importante
2. vuelvas a casa
3. Ojalá
4. se sienta mejor pronto
5. Es preferible
6. vayas al médico

10-27

Answers may vary. Possible answers:
1. Es importante que hagas ejercicio todos los días.
2. Es mejor que no tomes mucho azúcar.
3. Es preferible que evites el estrés.
4. Es bueno que te pongas a dieta.
5. Es necesario que bebas mucha agua.

10-28

Answers will vary.

10-29

1. estoy
2. tenga
3. tiene
4. sea
5. sea
6. sabrá

10-30

1. sea
2. son
3. hable
4. vuelva
5. lleva
6. se haga

10-31

1. sufra de insomnio
2. vaya al trabajo hoy
3. tenga diabetes
4. sea un infarto
5. sufra de artritis
6. sea grave

10-32

1. dentista/revisión dental
2. dentista/revisión dental
3. obstetra/cuidado prenatal
4. obstetra/cuidado prenatal
5. operación/cirujano
6. operación/cirujano
7. psiquiatra/terapia
8. psiquiatra/terapia

10-33

1. la sala de urgencias
2. el cuidado prenatal
3. el psiquiatra
4. Los cirujanos
5. los dentistas

10-34

1. ser operada
2. la operación
3. una radiografía
4. Qué te pasa
5. Te veo
6. levantarte el ánimo
7. una cita
8. el dentista

10-35

1. vete
2. ayuden
3. busquen
4. Pon
5. espere
6. hables

10-36

Answers may vary. Possible answers:
1. Es importante que Pablito se quede en casa hoy.
2. Es necesario que Juan vaya a hacer unas radiografías.
3. Es triste que Daniel no pueda volver a casa hoy.
4. Es normal que Sara visite a Nuria.
5. Es mejor que Alicia no vaya al trabajo hoy.

10-37

Answers will vary.

10-38

Answers will vary.

10-39

Answers will vary.

10-40

1. bebas / beba
2. estés / esté
3. duermas / duerma
4. comas / coma
5. dejes / deje
6. sea

10-41

1. vístanse
2. lleven
3. tomen
4. beban
5. duerman
6. lávense

10-42

1. a
2. c
3. b
4. a, b

10-43

Answers will vary.

10-44

Answers will vary.

10-45

1. esfuerzo mental
2. esfuerzo mental
3. esfuerzo mental
4. esfuerzo físico
5. esfuerzo físico
6. esfuerzo físico
7. esfuerzo mental
8. esfuerzo mental

10-46

Answers will vary.

10-47

Answers will vary.

10-48

1. a
2. b
3. a
4. c
5. b

10-49

Answers may vary. Possible answers:
1. Trabajó doce años en obstetricia.
2. Le interesó porque quería trabajar con la comunidad hispana y con gente que no tenía recursos financieros.
3. Invitan a toda la familia. Tienen juegos para los niños.
4. A Edith le gusta poder comunicarse con personas latinas y ayudarlas con sus necesidades.
5. Son mujeres de la clase obrera, que trabajan en restaurantes y salones de belleza o que son amas de casa.

10-50

Answers will vary.

10-51

Answers will vary.

Capítulo 11 En el trabajo

11-1

1. d
2. f
3. b
4. a
5. e
6. c

11-2

1. empleo
2. ubicación
3. pensión de jubilación
4. aumento
5. ambiente
6. escuela primaria
7. jefe
8. de mal humor

11-3

1. noviembre
2. San José
3. 2314 / dos mil trescientos catorce
4. 2004
5. historia
6. inglés
7. tenis

11-4

Answers will vary.

11-5

1. Mientras
2. Después de
3. antes de que
4. Cuando
5. hasta que

11-6

1. llamó
2. hacían
3. daban
4. ofrecieron
5. conocer
6. comprender
7. tenga
8. conozca

11-7

1. paguemos, ahorraremos
2. recibirá, tengamos
3. nos cambiemos, perderá, podrán
4. será, gastemos
5. faltarán, estén
6. convertir, será

11-8

1. e
2. c
3. a
4. b
5. d
6. f

11-9

1. por
2. por
3. por
4. para
5. para
6. para
7. por
8. para

11-10

1. para
2. por
3. por
4. por
5. para
6. Para
7. Por
8. por
9. por
10. por

11-11

Answers will vary.

11-12

1. la fotocopiadora
2. el monitor
3. la pantalla
4. la impresora
5. el ratón
6. el teclado
7. el escáner

11-13

1. b
2. e
3. d
4. c
5. a

11-14

1. la línea
2. un recado
3. buzón de voz
4. atenderle
5. tono
6. devolveré
7. lo antes posible

11-15

Answers will vary.

11-16

1. Cierto
2. Falso
3. Falso
4. Cierto
5. Cierto
6. Falso
7. No se sabe.

11-17

1. abierta
2. encendidas
3. conectada
4. desorganizado
5. perdidos

11-18

1. está cancelada / la cita está cancelada / la cita con el Sr. Salvador está cancelada / está cancelada la cita / está cancelada la cita con el Sr. Salvador
2. está comprada / la nueva impresora está comprada / la nueva impresora para su oficina está comprada / está comprada la nueva impresora / está comprada la nueva impresora para su oficina
3. están hechas / las cuentas están hechas / las cuentas de la semana pasada están hechas / están hechas las cuentas / están hechas las cuentas de la semana pasada
4. están preparados / los documentos están preparados / los documentos para los clientes están preparados / los documentos para los clientes de la semana próxima están preparados / están preparados los documentos / están

preparados los documentos para los clientes / están preparados los documentos para los clientes de la semana próxima

5. está cerrada / la puerta está cerrada / está cerrada con llave / la puerta está cerrada con llave / está cerrada la puerta

11-19

1. has hecho
2. He buscado
3. he trabajado
4. he aprendido
5. ha gustado
6. ha sido
7. hemos viajado
8. ha encantado
9. He estado

11-20

1. todavía no las he leído
2. ya lo he escrito
3. ya las he preparado
4. todavía no la he hecho
5. ya las he visto

11-21

Answers will vary.

11-22

Answers will vary.

11-23

1. c
2. d
3. e
4. b
5. f
6. a

11-24

1. entrevista
2. responsable, empleados
3. secretaria, datos
4. calcular

11-25

1. solicitudes
2. entrevistas
3. despedir
4. copias
5. distribuir

11-26

Answers will vary.

11-27

Answers may vary. Possible answers:
1. ¿Sacaste las fotocopias que te pedí?
2. Las fotocopias que acabas de hacer no salieron bien.
3. ¿Cómo se llama la persona con quien necesitamos hablar acerca de problemas con la fotocopiadora?
4. ¿Cuándo va a venir el técnico que va a arreglar la fotocopiadora?
5. Necesito las fotocopias para una reunión que tengo esta tarde.
6. Los clientes para quienes necesito las copias son muy importantes.

11-28

1. quien
2. quien
3. que
4. que
5. que

11-29

1. acepta, sepa
2. se pelean, se lleven
3. aburre, interese
4. tengo, permita
5. gusta, sea

11-30

1. tengas
2. esté
3. sea
4. encuentre
5. pueda
6. viajemos

11-31

Answers may vary. Possible answers:
1. Quiere un buen ambiente.
2. Le gusta que los colegas sean jóvenes.
3. No le gusta que el trabajo esté lejos de su casa porque tiene que ir al trabajo en autobús.
4. Tiene miedo de que su currículum vitae no sea bueno para encontrar un trabajo de calidad.

11-32

1. haya despedido
2. hayan estado
3. hayan dado
4. haya escrito
5. haya contestado

11-33

Answers may vary. Possible answers:
1. Me alegro de que el salario sea excelente.
2. Me sorprende que no hayas visto a tu supervisor.
3. Estoy contento/a de que te guste el ambiente.
4. Me alegro de que hayas hecho varios amigos.
5. Siento que no puedas salir conmigo este fin de semana.

11-34

C	A	J	E	R	O	O	T	I	S
H	I	O	F	A	R	R	A	T	U
E	C	A	E	T	I	I	D	A	C
Q	U	E	C	O	O	T	E	L	U
U	E	N	T	N	S	E	N	I	R
E	N	D	I	N	E	R	O	A	S
R	T	I	V	E	R	A	M	N	A
A	A	O	O	L	M	E	D	O	L

11-35

1. una cuenta de ahorros
2. sucursales
3. las ventanillas
4. una tasa de interés
5. trámites
6. los cajeros automáticos
7. un préstamo

11-36

Answers will vary.

11-37

1. para
2. Para
3. por
4. Por
5. por
6. por
7. para
8. para
9. Por
10. para

11-38

1. quien
2. quien
3. Lo que
4. que
5. que
6. que
7. quien
8. quien

11-39

1. tenga
2. esté
3. guste
4. cambiar
5. reciba
6. encuentre

11-40

Answers will vary.

11-41

1. carpetas están ordenadas
2. documentos están organizados
3. cajones están cerrados
4. supervisora está informada
5. presentación está preparada
6. problemas están resueltos

11-42

1. Cierto
2. Falso
3. Cierto
4. No se menciona.
5. Falso
6. Falso

11-43

Answers will vary.

11-44

1. he hecho
2. he estudiado
3. he viajado
4. he pasado
5. he trabajado
6. has tenido
7. he sido
8. ha contratado

11-45

1. guste
2. motive
3. pague
4. permita
5. tienen
6. interese
7. necesito
8. haya podido
9. hayas dado
10. interesa

11-46

1. por
2. para
3. por
4. para
5. por
6. por

11-47

Answers will vary.

11-48

1. que
2. que
3. que
4. quienes
5. que

11-49

Answers will vary.

11-50

1. Buenos Aires / Buenos Aires, Argentina / Argentina / la capital argentina / un barrio / un barrio de la capital argentina

2. estaba embarazada / anunció que estaba embarazada
3. la crisis económica
4. más de cinco años / cinco años / 5 años / más de 5 años, tres años / 3 años
5. una demanda

11-51

Answers will vary.

11-52

1. Carlos
2. María
3. Carlos
4. Alejandro
5. Alejandro
6. María

11-53

1. Falso
2. Cierto
3. Cierto
4. Falso
5. Cierto
6. Falso

11-54

Answers will vary.

11-55

Answers will vary.

Capítulo 12 Los medios de comunicación

12-1

Answers will vary.

12-2

1. Cierto
2. Cierto
3. Falso
4. No se menciona.
5. Falso

12-3

1. b
2. d
3. c
4. f
5. e
6. a

12-4

1. Lo
2. lo
3. la
4. la
5. La
6. Los
7. La
8. me

12-5

1. Te
2. lo
3. lo
4. lo
5. lo
6. te
7. las

12-6

1. manejen
2. lleguen
3. pongan
4. se queden
5. se bañen
6. Tengan
7. diviértanse

12-7

1. llegues
2. hables
3. Termina
4. Ten
5. Usa
6. Sé
7. salgas

12-8

1. c
2. b
3. a
4. c

12-9

1. le
2. se
3. lo
4. me
5. te
6. lo
7. Me
8. le
9. me

12-10

1. me gusta
2. me molesta
3. Me encanta
4. me gusta
5. me importa
6. me gusta

12-11

Answers will vary.

12-12

Answers may vary. Possible answers:
1. el lunes pasado, a las tres de la tarde
2. Juan José Pérez, su mujer y sus hijos
3. la muerte de Juan José Pérez
4. problemas del corazón
5. en su casa en Miami

12-13

Answers will vary.

12-14

1. d
2. e
3. a
4. b
5. c

12-15

1. se encontraron
2. marcharon
3. perdió
4. dispersó
5. murieron
6. discutieron

12-16

1. se celebró
2. Vinieron
3. hubo
4. dieron
5. pudieron
6. dijeron

12-17

1. presentó
2. estuvo
3. llegamos
4. empezamos
5. Hubo
6. Vinieron
7. tocamos
8. fue
9. quisimos
10. pudimos

12-18

1. Estaba
2. Había
3. eran
4. Era
5. era
6. Venía
7. llovía
8. llevaba

12-19

Answers will vary.

12-20

1. volvió
2. estaba
3. se encontraba
4. decidió
5. duró
6. costó

12-21

Answers will vary.

12-22

1. Positivo
2. Negativo
3. Neutro
4. Negativo
5. Negativo

12-23

Answers will vary.

12-24

1. f
2. d
3. a
4. b
5. c
6. e

12-25

Answers will vary.

12-26

1. para
2. Para
3. Para
4. para
5. por
6. para

12-27

1. para
2. por
3. para
4. por
5. por
6. para
7. para
8. para

12-28

1. haya
2. ayude
3. sea
4. explique
5. esté

12-29

Answers will vary.

12-30

1. pueda
2. son
3. es
4. podamos
5. tenemos
6. haga

12-31

Answers will vary.

12-32

1. Comunicación con el mundo entero / Comunicación rápida / Comunicación instantánea
2. Comunicación con el mundo entero / Comunicación rápida / Comunicación instantánea
3. Comunicación con el mundo entero / Comunicación rápida / Comunicación instantánea
4. Comunicación virtual / Tiempo con la computadora / Falta de seguridad

5. Comunicación virtual / Tiempo con la computadora / Falta de seguridad
6. Comunicación virtual / Tiempo con la computadora / Falta de seguridad

12-33

1. d
2. c
3. a
4. e
5. b

12-34

1. cambiaría
2. sería
3. escribiría
4. hablaría
5. tendrían
6. verían
7. jugarían
8. pasarían
9. asistirían
10. volvería

12-35

Answers will vary.

12-36

1. será
2. hablarán
3. necesitarán
4. estudiarán
5. habrá
6. tendrán

12-37

1. vayan
2. siga
3. sea
4. empiece
5. reciba

12-38

1. ha sido
2. han tenido
3. han perdido
4. han dejado
5. han subido
6. ha hecho

12-39

Answers will vary.

12-40

1. quien
2. que
3. quien
4. que
5. que

12-41

1. haga
2. tome
3. acepte
4. desarrolle
5. cuide